LA MITOLOGIA DEL NARCISISMO

LA MITOLOGIA DEL NARCISISMO

Patologia Dell'Età Del Consumatore

Peter Fritz Walter

Published by Sirius-C Media Galaxy LLC
Business Filings Incorporated
108 West 13th St., Wilmington, DE 19801

Italian Translation by Peter Fritz Walter

Set in Trajan Pro and ITC Berkeley Old Style Std

Designed by Peter Fritz Walter

Publishing Categories
Psychology / Social Psychology

Publisher Contact Information
publisher@sirius-c-publishing.com
http://sirius-c-publishing.com

Author Contact Information
pfw@peterfritzwalter.com

About Dr. Peter Fritz Walter
http://peterfritzwalter.com

Parallelamente a una carriera di diritto internazionale in Germania, Svizzera e Stati Uniti, il Dr. Peter Fritz Walter (Pierre) si è concentrato sulle belle arti, la cucina, l'astrologia, la performance musicale, e le scienze sociali e umanistiche.

Ha iniziato a scrivere saggi da adolescente e ha ricevuto un premio per la scrittura creativa e il lavoro editoriale per la rivista scolastica.

Dopo aver conseguito il diploma in giurisprudenza, si è laureato con un LL.M. in Integrazione Europea all'Università di Saarland, Germania, e con un titolo di dottore in giurisprudenza all'Università di Ginevra, Svizzera, nel 1987.

Ha poi seguito corsi di psicologia all'Università di Ginevra e ha intervistato diversi psicoterapeuti a Losanna e a Ginevra, in Svizzera. Il suo interesse si è intensificato grazie a una ipnoterapia con un ipnoterapista americano Ericksoniano a Losanna. Questo lo ha portato al recupero e alla guarigione del suo bambino interiore.

Nel 1986 incontrò a Parigi la defunta psicoterapeuta e psicoanalista infantile francese Françoise Dolto (1908-1988) e la intervistò. Al loro incontro ha fatto seguito una lunga corrispondenza che è stata considerata dai curatori del Dolto Trust abbastanza interessante da essere pubblicata in un libro insieme a tutti gli altri scambi di lettere di Dolto da parte della Gallimard Publishers a Parigi, nel 2005.

Dopo una seconda carriera come formatore aziendale e personal coach, Pierre si è ritirato come scrittore, filosofo e consulente a tempo pieno.

I suoi libri di saggistica sottolineano una prospettiva sistemica, olistica, interculturale e interdisciplinare, mentre le sue opere di narrativa e i suoi racconti si concentrano sull'educazione, la filosofia, la saggezza perenne e la formulazione poetica di una visione del mondo integrativa.

Pierre è di madrelingua bilingue tedesco-francese e scrive l'inglese come quarta lingua dopo il tedesco, il latino e il francese. Legge anche la letteratura di fonte per le sue ricerche in spagnolo, italiano, portoghese e olandese. Inoltre, Pierre ha nozioni di thailandese, khmer, cinese e giapponese.

Tutti i libri di Pierre sono realizzati a mano e autoprodotti, disegnati dall'autore. Pierre pubblica attraverso la sua società del Delaware, Sirius-C Media Galaxy LLC, e sotto l'impronta di IPUBLICA e SCM (Sirius-C Media).

CONTENUTO

The secret of healing narcissism is not to heal it
at all, but to listen to it. (…) I am stuff. I am
made up of things and qualities, and in loving
these things I love myself.

—THOMAS MOORE, CARE OF THE SOUL (1994).

INTRODUZIONE

Perché Studiare il Narcisismo?

Ho imparato a conoscere il narcisismo all'inizio della mia vita, a vent'anni, dapprima negli anni 70a, attraverso alcuni libri di Sigmund Freud e Wilhelm Reich e più tardi, più approfonditamente, attraverso i libri di *Alice Miller (1923-2010) e Alexander Lowen (1910-2008), negli anni 80a.*

—Vedi, per esempio, Alexander Lowen, Narcissism: Denial of the True Self (1983) e Alice Miller, The Drama of the Gifted Child: In Search for the True Self (1996) così come Thou Shalt Not Be Aware: Society's Betrayal of the Child (1998).

Entrambi gli psichiatri sono stati specializzati nel narcisismo ed è stato attraverso il loro contributo unico e il loro impegno incrollabile che oggi la gravità dell'afflizione narcisistica è stata riconosciuta nella psichiatria tradizionale.

Questo non era il caso quando hanno iniziato a pubblicare su questo argomento, negli anni 70a. A dire il vero, a quel tempo, il narcisismo era tanto buono quanto trascurato in psichiatria, e non era considerato una grave afflizione.

Oggi, mentre gli operatori sanitari riconoscono la gravità del narcisismo come disturbo psichiatrico, il grande pubblico mantiene uno stato di confusione e di disinformazione sul termine stesso e sulla natura del disturbo narcisistico che non ho quasi mai visto per nessun altro problema psichiatrico.

Spesso si presume erroneamente che il narcisismo significhi amare troppo se stessi! Se così fosse, non ci sarebbe alcun problema di narcisismo. Ma il narcisismo è il contrario dell'amore per se stessi, è la *negazione* stessa dell'amore per se stessi, e questo fa sì che sia un problema.

CAPITOLO UNO

LO SCHEMA COMPORTAMENTALE COMPLESSIVO

Forse è stato una fortuna che non mi sia mai preoccupato troppo del termine in sé, perché confonde e fuorvia molte persone. Non c'è nessun altro argomento in cui lo scontro tra il sapere professionale e la mezza conoscenza dei laici sia così grande come nel narcisismo. Tutti sembrano sapere cosa significa narcisismo, ma quando si indaga più a fondo, si vede che le persone mantengono le più strane idee sbagliate al riguardo.

La maggior parte delle persone ha sentito parlare dell'antico mito di Narciso che è all'origine del termine narcisismo. Ma cosa ci dice questo mito? Qui è dove iniziano le idee sbagliate. La maggior parte delle persone in qualche modo ha avuto una scarsa idea ed estrapola dalla poca conoscenza che ha avuto, e il risultato è una risposta standard come:

—Oh sì, questo strano tipo che ha guardato nell'acqua e ha visto il suo specchio! Quel ragazzo si amava troppo, si era innamorato di se stesso ...

E poi vanno a concludere che il narcisismo è stato un'impiccagione di persone che 'si amano troppo,' che sono fissate sulla propria immagine di sé, che sono innamorate di se stesse.

—Queste persone amano solo se stesse, non hanno antenne di ricezione per gli altri, sono egoiste e anche il loro amore erotico è rivolto verso la propria persona, invece di essere rivolto verso gli altri.

Inutile dire che tutto questo è una pura sciocchezza. È vero il contrario.

Il narcisismo è una patologia in cui la persona, a causa di un dolore profondo sofferto in età precoce, non è in grado di amare se stessa, e quindi *manca anche di un livello di autoamore di base.* E ciò che è peggio di questa afflizione è che il vero sé della persona, la sua identità, il suo sentire sé, il suo IO-SONO, e anche la sua immagine corporea, sono stati sepolti nel profondo dell'inconscio. Il risultato è che le persone narcisiste non sanno chi sono o, come si esprime in psichiatria, negano il loro vero sé.

Questa negazione del proprio essere intrinseco, del proprio carattere, dei propri valori e delle proprie stranezze, della propria profondità e dignità è ciò che li fa apparire come danzatori dell'ombra.

Sono in genere parlanti fluenti e prendono rapidamente le nuove idee, ma non integrano la novità, perché non c'è niente in cui potrebbero integrarla, perché *sono fuori dal contatto con la loro vera identità,* il terreno fertile della loro natura umana, il loro fondamento.

Li chiamo per questo motivo 'comici narcisisti,' perché si comportano come se fossero sul palcoscenico, come se la vita fosse un enorme palcoscenico in cui tutti recitano un ruolo, ma dove nessuno recita il ruolo di se stesso, ma sempre un altro. A recita B, B recita C, C recita A. Ma la vita normalmente è che A recita A, B recita B e C recita

C. Le persone che soffrono di narcisismo tendono ad apparire distaccate, sembrano fluttuare, come se i loro piedi non toccassero mai il suolo sottostante. C'è spesso anche qualcosa che è simile a Peter Pan, qualcosa di fragile e stranamente giovanile, spesso accompagnato da un sorriso solare che sembra suggerire che non conoscono la tristezza; mentre in realtà sono le persone più tristi della terra, solo che non riescono nemmeno a *sentire la loro tristezza,* alienati come sono dai loro sentimenti, perché hanno represso le loro emozioni più profonde.

Negli scambi con i narcisisti ho anche scoperto che spesso negano la realtà delle emozioni, cercando di cogliere tutta la realtà con il loro puro intelletto, che di solito funziona benissimo. Ma questo fa sì che siano veramente alienati dall'umanità perché più o meno consapevolmente scartano l'irrazionale fuori dal mondo. Per loro, tutto deve essere razionale, chiaro ed etero, e tendono a condannare l'irrazionalità nelle persone, fuori dal contatto con la propria irrazionalità.

Noi umani siamo a volte razionali e a volte irrazionali. Siamo buoni come mai solo razionali o solo irrazionali; siamo un mix di molte qualità e stranezze, e sono le nostre emozioni vivide che portano il *necessario caleidoscopico cambiamento* nella nostra vita in modo che non siamo per troppo tempo razionali e non per troppo tempo irrazionali. Ma per il narcisista ci deve essere solo razionalità, e tutto il resto è come se fosse debolezza umana ...

E mentre giudicano ciò che è più straordinario nell'umano essere debolezza, rimangono fatalmente con quella debolezza e non possono realizzare il loro potenziale divino. Gli indigeni direbbero che queste persone hanno perso la loro anima.

COME IDENTIFICARE IL NARCISISMO?

È possibile identificare piuttosto rapidamente se si soffre di una fissazione narcisistica o meno. Basta controllare se si gioca a se stessi nella propria vita, o se si è se stessi. Verificate se svolgete un ruolo che finge di essere voi stessi. Poi, quando fai questa domanda e suona come 'Ma chi sono io?' Quando questa domanda ti sembra strana perché in qualche modo non ti sei mai chiesto chi sei, e se nel gioco della vita sei bravo come non hai mai giocato la IO-CARTA, allora sai di avere un problema di narcisismo.

Un altro test sarebbe l'idea ossessiva di essere altruisti e 'sempre buoni' con gli altri, fino all'oblio. Gli anelli sono veri? Perché dovresti dimenticare te stesso? Senti che è un 'dovere morale' essere sempre preoccupati per gli altri, mentre ti metti da parte? No, non lo è. Ma probabilmente hai un'ossessione per il narcisismo, poiché neghi costantemente il tuo sé, sostituendo il vuoto al bisogno con la persona A, l'amico B o il parente C che devi aiutare, per salvarti dalla sfortuna, dallo stupro o dall'incesto, per guarire, per confortare, per accudire, per consolare, per proteggere, e così via.

Il narcisismo non è davvero una cosa complicata e non è difficile da capire. È stato reso difficile da comprendere attraverso la psicologia popolare che ama usare termini strani e si abbandona ad esprimere fatti semplici in modo complicato. Per esempio, è molto più difficile spiegare cosa sia la nevrosi o la psicosi che dire cosa significhi il narcisismo e cosa faccia soffrire tanto le persone affette da narcisismo nella vita. *Soffrono davvero!*

Il narcisismo non è un'afflizione di noia, non è una malattia da gentiluomo, e non è un efflusso di vanità, mentre spesso viene sminuito come tale. Il narcisismo è un'afflizione abbastanza grave da essere messa in primo piano dalla maggior parte dei servizi psichiatrici di oggi.

Perché quando non sei in contatto con te stesso e con le tue emozioni più profonde, vivi una vita che non è la tua, vivi una 'vita vuota.' Questo vuoto interiore, questo vuoto quando è costante, è qualcosa che può scatenare altre gravi afflizioni come l'abuso di sostanze, il fumo a catena, la depressione, la stanchezza cronica, l'alcolismo, l'ansia, le fobie, le ossessioni sessuali, l'aggressività e la perversione.

Può anche scatenare somatizzazioni, il che significa che il corpo si ammala per motivi non fisiologici, ma psicologici.

Capitolo Duo

Un altro angolo della letteratura sul narcisismo è quello che dicono le persone di spirito. La loro terminologia è diversa, e questo purtroppo contribuisce anche alla confusione generale sul narcisismo.

Ho in mente un autore particolarmente brillante e di successo, Thomas Moore, il cui libro più famoso, *Care of the Soul (1994)*, non è un manuale psichiatrico per la guarigione del narcisismo. È uno studio filosofico per comprendere le radici del narcisismo sia nella nostra cultura che individualmente, nella nostra vita.

Ma il problema è di natura terminologica. Moore parla di *anima* e di mancanza di anima quando descrive il narcisismo. Le sue idee sono brillanti, e punta il dito sulla ferita quando dice che il narcisismo non può essere guarito spingendo la persona in un ciclo di crescita o suggerendole di 'crescere.'

> Il narcisismo non ha anima. Nel narcisismo togliamo la sostanza dell'anima, il suo peso e la sua importanza, e la riduciamo a un'eco dei nostri pensieri. L'anima non esiste. Noi diciamo. È solo il cervello che attraversa i suoi cambiamenti elettrici e chimici. Oppure è solo il comportamento. Oppure è solo memoria e condizionamento. Nel nostro narcisismo sociale, consideriamo l'anima irrilevante. Possiamo preparare una città o un bilancio nazionale, ma lasciamo le esigenze dell'anima incostanti. Il narcisismo non darà il suo potere a qualcosa di così ninfomane come l'anima. (Id., 58-59. Traduzione mia.)

Ho allenato individui narcisisti e altamente problematici su Internet, gratuitamente, per un periodo di quasi dieci anni, considerando questo come la parte 'sociale' della mia missione di allenatore, e ho scoperto invariabilmente che essi aspettano che la società li accetti, invece di fare il primo passo e accettare se stessi! Spiega Moore:

> Ciò che il narcisista non capisce è che l'auto-accettazione che desidera non può essere forzata o fabbricata. Deve essere scoperta, in un luogo più introverso dei soliti ritrovi del narcisista. Ci deve essere un interrogatorio interiore, e forse anche confusione. (Id., 60-61. Traduzione mia.)

E ho fatto una scoperta sorprendente. Ho avuto un problema di narcisismo per molti anni, a partire dalla mia infanzia, e non è stato curato con una ipnoterapia, ma ho potuto curarlo in seguito, virtualmente 'parlando con gli alberi.' È stato quasi venti anni fa quando, vivendo in Provenza, ho preso l'abitudine di fare passeggiate notturne, quando mi rivolgevo ad alcuni alberi in un enorme viale di sicomori.

C'erano tre enormi sicomori da cui mi sentivo spontaneamente attratto, e quello che avrei fatto, abbastanza tardi perché non passasse nessuna macchina, era mettere la mano sinistra saldamente contro il tronco dell'albero, e parlare con l'albero, o pensando o sussurrando le mie idee.

Ora, quello che è successo alla mia sorpresa è stato che non solo ero molto eccitato da questo tipo di conversazione unica, al punto di non essere stanco quando tornavo a casa, ma anche di fare sogni in cui l'albero mi rispondeva. E da questi sogni ho imparato un'incredibile profondità di saggezza!

Ora, ovviamente, sono rimasto molto sorpreso quando ho trovato il seguente passaggio in *Cura dell'Anima (1994)*:

> Sospetto che questa sia una parte molto concreta della cura del narcisismo che parla agli alberi. Impegnando il mondo cosiddetto 'inanimato' nel dialogo, ne riconosciamo l'anima. Non tutte le coscienze sono umane. Questa di per sé è una credenza narcisistica. (Id., 61. Traduzione mia.)

E infatti, parlando con gli alberi, ho sentito un improvviso interesse per lo sciamanesimo e ho intrapreso una ricerca spirituale che mi ha richiesto diversi anni. Mi sono impegnato in una noiosa ricerca sullo sciamanesimo e sono andato in Ecuador, nel 2004, a bere la tradizionale bevanda sacra *Ayahuasca*.

—See Peter Fritz Walter, *Consciousness and Shamanism: Cognitive Experiences in the Ayahuasca Trance and Theories of their Causation*, available as Paperback, Kindle book and Audible Audiobook at Amazon. See also the video series on ipublica tv: https://ipublica.com.

Ho lasciato questa iniziazione completamente trasformata, perché ho riacquistato tutta la gamma di credenze magiche che ho coltivato da bambino, e questo ha davvero guarito completamente la condizione narcisistica.

Ora, Thomas Moore ha messo un accento particolare in questo libro sul pericolo del narcisismo collettivo e indaga profondamente nella cultura degli Stati Uniti d'America, per identificarla come la cultura narcisistica per eccellenza. Scrive Moore:

> Le nazioni, così come gli individui, possono passare attraverso questa iniziazione. L'America ha un grande desiderio di essere il Nuovo Mondo delle opportunità e un faro morale per il mondo. Desidera realizzare queste immagini narcisistiche di se stessa. Allo stesso tempo è doloroso rendersi conto della distanza tra la realtà e quell'immagine. Il narcisismo dell'America è forte. Viene messo in scena davanti al mondo. Se mettessimo la nazione sul divano, potremmo scoprire che il narcisismo è il suo sintomo più evidente. Eppure quel narcisismo ha la promessa che questo mito importante può trovare la sua strada nella vita. In altre parole, il narcisismo dell'America è il suo raffinato spirito puerile di autentica nuova visione. Il trucco è trovare una via verso quell'acqua di trasformazione in cui il duro auto-assorbimento si trasforma in un dialogo d'amore con il mondo. (Id., 62)

Quando guardiamo come l'America di oggi, con il suo governo fortemente narcisistico, affronta questo 'dialogo d'amore,' vediamo che lo spirito puerile è davvero molto forte. Non solo è forte, ma gli americani amano in qualche modo scegliere i loro presidenti tra le personalità puerpere, e questo potrebbe un giorno portare a un risultato fatale!

Le culture mature scelgono leader maturi, personalità anziane, persone che sono cresciute dalla culla o da un'adolescenza in cui Peter Pan è l'archetipo dominante.

Ed è molto interessante che Moore noti anche che curare il narcisismo comporta un'espansione dei confini:

> Narciso diventa capace di amare se stesso solo quando impara ad amare quel sé come oggetto. Ora ha una visione di sé come qualcun altro. Questo non è l'ego che ama l'ego; questo è l'ego che ama l'anima, che ama un volto che l'anima presenta. Potremmo dire che la cura per il narcisismo è passare dall'amore per se stessi, che ha sempre un pizzico di narcisismo in sé, all'amore per la propria anima profonda. O, per dirla in un altro modo, il narcisismo che si spezza ci invita ad espandere i confini di ciò che pensiamo di essere. (Id., 63. Traduzione mia.)

E anche in questo caso, se guardiamo alla realtà attuale degli Stati Uniti, le sostanze dissolventi al confine, dal DMT, all'LSD, alla Marijuana, sono state tutte dichiarate illegali, il che dimostra il grado di narcisismo ai massimi livelli governativi della nazione illuminata. Solo che la luce sembra provenire dalla fonte sbagliata.

E la nazione illuminata è una nazione d'azione. Tutto è azione. Il principale allenatore-attore della nazione, Anthony Robbins, si esibisce in pantaloncini, saltellando come un ragazzo della scuola. *Quando tutto è azione, tutti sono attori.* Non se stessi. E tutti recitano la propria vita, invece di viverla.

Questa atemporalità della nazione, nel senso di 'non avere mai tempo,' che si incarna nei suoi valori di business, business che si distingue per l'attività, è uno dei sintomi del suo narcisismo culturale che non è un fenomeno attuale. L'azione-nazione è nata nel New England, nel XVIII secolo. Quando non c'è più tempo, non c'è più anima. Spiega Moore:

> Un narcisismo nevrotico non concede il tempo necessario per fermarsi, riflettere e vedere le tante emozioni, i ricordi, i desideri, le fantasie, i desideri e le paure che compongono i materiali dell'anima. Di conseguenza, la persona narcisista si fissa su un'unica idea di chi è, e altre possibil-

ità vengono automaticamente rifiutate. (Id., 67. Traduzione mia.)

Peter Pan ha resistito a crescere. E sorprendentemente, Thomas Moore scrive che crescere non è una cura per il narcisismo, al contrario:

> Ma la soluzione del narcisismo non sta crescendo. Al contrario, la soluzione al narcisismo è dare al mito la massima realizzazione possibile, fino al punto in cui appare un minuscolo bocciolo che indica la fioritura della personalità attraverso il suo narcisismo. (...) Il narcisismo è una condizione in cui una persona non ama se stessa. Questo fallimento dell'amore si manifesta come il suo opposto, perché la persona cerca in tutti i modi di trovare l'accettazione di sé. Il complesso si rivela in uno sforzo e in un'esagerazione che non ha nulla da invidiare. È chiaro a tutti che l'amore del narcisismo è superficiale. Sappiamo istintivamente che chi parla sempre di sé non deve avere un senso di sé molto forte. Per l'individuo coinvolto in questo mito, il fallimento di trovare l'amore di sé è sentito come una sorta di masochismo, e, ogni volta che il masochismo entra in gioco, un elemento sadico non è molto lontano. I due atteggiamenti sono elementi polari in un archetipo di potere scisso. (Id., 71. Traduzione mia.)

Quando applichiamo questa verità alla nazione di Peter Pan, impariamo che dobbiamo lasciarli correre dove corrono e lasciare che rompano ancora più vetri in tutto il mondo, giusto? Non sono sicuro che Thomas Moore volesse dire questo perché una volta all'improvviso, dopo essersi espanso nel narcisismo collettivo, parla di nuovo dell'individuo.

Ma le nostre notizie quotidiane sulla cultura dell'eroe sembrano davvero suggerire che l'analisi di Moore del narcisismo collettivo, che è condivisa da molti psicologi, porterebbe a un'accumulazione abissale di atti Peter-Pan, eseguiti come un narcisista-nazione sul mondo in generale, per guadagnare profondità.

Non sono così sicuro che questa soluzione psicologica funzionerà politicamente, perché anche il più ottimista di Peter-Pan in giro per la grande nazione potrebbe avere un accenno di allungamento dell'arco troppo... e le ripercussioni internazionali potrebbero non permettere a Peter Pan di continuare all'infinito il suo gioco puerile.

Comunque, dal punto di vista dell'anima, e lasciando intatte le realtà politiche, scrive Thomas Moore:

> Il segreto della guarigione del narcisismo non è
> quello di guarirlo affatto, ma di ascoltarlo. (...)
> Io sono roba. Sono fatto di cose e qualità, e nel-
> l'amare queste cose amo me stesso. (Id., 73.
> Traduzione mia.)

Questo è in accordo con un approccio di guarigione generale basato sull'anima che era l'approccio prevalente per la guarigione durante il Medioevo e il Rinascimento. Scrive Moore:

> Robert Burton nel suo massiccio libro di auto-
> aiuto del XVII secolo *L'anatomia della malinconia*,
> dice che c'è una sola cura per la malinconica
> malattia dell'amore: entrarci con l'abbandono.
> Alcuni autori oggi sostengono che l'amore ro-
> mantico è una tale illusione che dobbiamo diffi-
> dare di esso e mantenere il nostro ingegno su di
> noi in modo da non essere fuorviati. Ma avver-
> timenti come questo tradiscono la sfiducia nel-
> l'anima. (Id., 81. Traduzione mia.)

CAPITOLO TRE

L'Origine del Narcisismo

Per realizzare la nostra identità personale e diventare esseri umani interi, dobbiamo essere in grado, ancora nell'infanzia, di formare un'identità personale originale. Questo è però impossibile se siamo allevati da genitori narcisisti, quelli cioè che sono indifferenti alla persona unica del bambino che hanno portato in vita.

L'educazione narcisistica è quella dell'indottrinamento che si accompagna all'alienazione graduale dei bambini dal loro corpo. Il modo più efficace per indottrinare i bambini con una certa cultura è quello di impiantare nella loro mente un dubbio profondamente radicato su chi sono. Questo dubbio, che crea un vuoto, sarà poi riempito con formule magiche come 'Non essere ciò che sei!'

Il passo successivo è quello di costringere il bambino a giocare dei ruoli per compiacere i genitori. Il ruolo principale in questo dramma che è *Il Dramma del Bambino Dotato,* come lo ha chiamato Alice Miller, è il ruolo del bambino come padre o madre dei propri genitori.

Questa educazione che io chiamo 'l'educazione dei comici narcisisti' è molto comune in quello che sono venuto a chiamare, proprio per questo motivo, *Cultura Edipa.*

—La mia critica alla *Cultura Edipa* si intreccia indissolubilmente con la mia critica al concetto culturale di Sigmund Freud del *Complesso di Edipo.* Vedi Peter Fritz Walter, Normative Psychoanalysis: How the Oedipal Dogma Shapes Consumer Culture (Scholarly Articles Vol. 14), 2015/2017.

Ecco perché il narcisismo è dilagante nelle nazioni occidentali, soprattutto negli Stati Uniti.

Tuttavia, sono pochi i ricercatori che vedono che la principale eziologia del narcisismo si trova nel nostro paradigma di educazione infantile. Quelli che l'hanno fatto, come Alice Miller o Alexander Lowen, non hanno rappresentano la psicologia tradizionale, nonostante la brillantezza del loro lavoro. Hanno, tra l'altro, scoperto che l'educazione che tipicamente porta al narcisismo è ricca di formule magiche che vengono date al bambino per la cosiddetta 'buona educazione,' ma che in realtà sono ingiunzioni ipnotiche perverse. Alcune di queste sono 'ingiunzioni ipnotiche' riconosciute dall'AT (Analisi Transazionale).

Queste ingiunzioni sono state trovate dall'AT come altamente distruttive per lo sviluppo emotivo, cognitivo, motorio e sessuale del bambino. Esse sono espresse spesso in modo non verbale, attraverso l'implicazione, attraverso esempi forniti, attraverso un linguaggio confuso e impreciso, attraverso rimproveri e attraverso confronti che possono essere o meno veri.

▸ Essere adattabile e flessibile fino all'autoalienazione;

▸ Non essere mai te stesso di fronte ai tuoi genitori;

▸ Non essere infantile, ma adulto;

▸ Essere maturi nell'immaturità;

- ▸ Comprendere ciò che i vostri genitori non capiscono;

- ▸ Siate logici e semplici;

- ▸ Rispettate i vostri genitori e mancate di rispetto a voi stessi;

- ▸ Diffidate del vostro intuito;

- ▸ Seguire l'autorità senza fare domande.

Vedo un'altra eziologia del narcisismo nella mancanza di simbiosi primaria tra madre e bambino nei primi diciotto mesi dopo la nascita. Regolarmente, con madri che a loro volta soffrono di narcisismo, la ricerca clinica ha riscontrato una riduzione o totale assenza di contatto visivo tra madre e bambino, assenza di allattamento al seno o quando il seno viene somministrato, la madre prova repulsione, disgusto o aggressività nei confronti del bambino; inoltre, tali madri tendono ad essere ostili ai primi passi del bambino verso l'autonomia, creando così nel bambino un comportamento patologico aggrappato che ha conseguenze molto negative in seguito nello sviluppo del bambino e del giovane adulto.

Spesso ciò che accade in tali relazioni è che la madre manipola il bambino in una vera e propria *codipendenza* in cui proietta sul bambino i suoi desideri d'amore che rimangono insoddisfatti nel rapporto di coppia. Questo porta in molti casi ad un *abuso emotivo* e, a livello del bambino, ad una perversione del suo orientamento psicosessuale in *gerontofilia*.

Il narcisismo è quindi spesso l'inevitabile risultato di abusi emotivi subiti nella prima infanzia, e questo fatto può aiutare a capire la gravità dell'afflizione del narcisismo.

Ciò che ne consegue è che la persona in seguito cerca inconsciamente di guarire la mancanza di fusione primaria attraverso ripetute *relazioni pseudo-simbiotiche,* che sono relazioni in cui l'amore è sostituito dalla dipendenza o confuso con la dipendenza. Tuttavia, poiché le persone che sono investite di quel ruolo di madri e padri surrogati non possono mai dare la fusione primaria mancante, la delusione e la depressione si verificheranno invariabilmente in quei rapporti.

Il narcisismo è un inevitabile sottoprodotto del patriarcato, e la sua eziologia è sbagliata in relazione: sbagliato in relazione a sé stessi, sbagliato in relazione agli altri. È costruito su quella che Joseph Campbell chiamava la 'visione del mondo solare' e ignora le molte ombre dell'anima—e quindi ignora la sua stessa ombra.

I narcisisti sono figure tragiche. Sono tragici nel senso che corrono nell'abisso senza la minima idea di ciò che stanno facendo perché non sono a terra e hanno i piedi per aria, come il *Matto dei Tarocchi*. Sono pazzi, perché non hanno integrato la loro Luna, la loro energia lunare.

Sono l'eterno Peter Pan dei film, e si presentano al pubblico sorridendo, sorridendo ampiamente, il più delle volte, ma nei momenti aleatori si vede il loro vero volto—mentre loro stessi lo ignorano.

Capitolo Quattro

Il Paradigma della Performance

Abbiamo visto che il narcisismo può essere sia un'afflizione individuale che un fenomeno culturale, ed è diventato sempre più 'culturale' o 'collettivo' con la nascita del paradigma del consumo e della produzione di massa, della fabbricazione automatizzata e dell'educazione standard che sottolinea la necessità di un accesso non privilegiato al consumo.

Nell'ultimo capitolo di questo saggio, vorrei discutere di un'area del narcisismo culturale che non è ancora stata scoperta dalla psichiatria, e nemmeno dalla letteratura psicologica popolare, forse perché è un fatto più sottile e meno ovvio della vita nella società consumistica postmoderna.

Parlo del pregiudizio tra il creare e l'esibirsi. Per anticipare l'esito della mia analisi, dico che la creazione non è ciò che la nostra società premia e incoraggia, ma l'esecuzione. Non il creatore è più l'eroe, ma il *performer*, non l'ideatore ma *l'imitatore*, non l'artista creativo ma *l'artista ricreativo*. Perché? Perché l'ordine del giorno non è l'assimilazione della cultura, né l'avanzamento culturale, ma la mera *ricreazione*, che è più propriamente chiamata intrattenimento (entertainment).

Che cos'è il divertimento? Una forma di distrazione, non di contemplazione, e quindi un modo di dissipare l'energia invece di accumulare e coltivare energia.

In quest'ultima parte del mio articolo cercherò di dare un po' di carne al fuoco a questa idea, e anche di illustrarla con alcuni esempi di vita reale. Permettetemi di provare prima di tutto a spiegare le radici forse storiche di quello che nella musica classica è chiamato il 'paradigma della performance.' Tutto ebbe inizio ai tempi di Mozart e Beethoven, e soprattutto di Chopin e Liszt, quando i pianisti non suonavano, come prima, le loro opere, ma diventavano dei semplici virtuosi che suonavano, come oggi, composizioni che non sarebbero stati in grado di comporre in primo luogo. Il cambiamento avvenne lentamente e gradualmente, forse all'epoca di *Josef Hofmann (1876-1957)*, che mise in moto un paradigma totalmente nuovo. Da quel momento non più il compositore che suona le sue opere, e pochi altri nel mezzo, ma il virtuoso pianista, che suonava 'un repertorio,' una scelta di musica, e dove piuttosto spesso era solito 'adattare' il pezzo al proprio tratto di mano, o riscrivere senza mezzi termini una parte della partitura per 'soddisfare meglio il pubblico.'

All'incirca a quell'epoca era comune che i pianisti indossassero abiti speciali e mostrassero distinti manierismi per attirare l'attenzione del pubblico, se non erano dei veri e propri saltimbanchi pianistici.

Con il paradigma dell'esecutore che ha sostituito il paradigma del creatore, tutto il mondo musicale è cambiato, e i risultati finali che vediamo oggi devono rattristare il vero amante della musica.

Allo stesso tempo, la tendenza è stata quella di convalidare gli aspetti esecutivi di una composizione più in alto rispetto alla composizione stessa. Ad esempio, era molto comune a quel tempo suonare un passaggio ostinato non legato in una sonata o una fantasia in ottave, duplicando così le note da suonare, ma allo stesso tempo rafforzando il suono. Raramente ci si chiedeva se ciò fosse effettivamente giustificato dall'intenzione del compositore.

Ecco un buon esempio di questa visione dell'esecuzione musicale dell'epoca, di un eminente virtuoso dell'epoca, *Ignaz Moscheles (1794-1880),* egli stesso contemporaneo di Meyerbeer, Hummel, Kalkbrenner, Cramer, Herz e Weber, che si inscrivevano tutti in quella prima tradizione virtuosistica.

Harold C. Schonberg riferisce nel suo libro *I Grandi Pianisti (1963/1987)* che Moscheles scrisse nel 1838, quando meditava sulla nuova musica:

> Suono la nuova musica dei quattro eroi moderni, Thalberg, Chopin, Henselt e Liszt, e trovo che i loro effetti principali risiedano in passaggi che richiedono una grande presa e un grande allungamento del dito, come la particolare costruzione delle loro mani che permette loro di eseguire. Io afferro meno, ma allora non sono di una scuola che afferra. Con tutta la mia ammi-

razione per Beethoven, non posso dimenticare Mozart, Cramer e Hummel. Non hanno scritto molto di nobile, che mi è familiare fin dai primi anni? Proprio ora il nuovo modo trova più favore, e io cerco di seguire la via di mezzo tra le due scuole, senza mai tirarmi indietro di fronte alle difficoltà, senza mai disprezzare i nuovi effetti, e conservando i migliori elementi delle vecchie tradizioni.

Moscheles credeva che la musica avesse raggiunto l'età dell'oro durante il periodo da Bach a Beethoven, e sospettava del paradigma dell'esecuzione virtuosa, come dimostrato in modo esemplare da Chopin, Wagner, Liszt, Busoni, Godowsky e Berlioz.

È interessante notare che uno dei maggiori esponenti del paradigma virtuosistico, *Franz Liszt (1811-1886),* il cui vero nome ungherese era Franz Ritter von Liszt-Ferenc, non era egli stesso un virtuoso nel senso che modificava in modo insapore composizioni non sue, per adattarle al suo gusto. Non si sapeva da tempo a che punto Liszt fosse in realtà un uomo del XX secolo, che rispettava profondamente la partitura e l'intenzione originale del compositore, fatto che ci è stato portato a conoscenza soprattutto da uno dei più grandi interpreti lisztiani di questo mondo, il defunto pianista e nobile cileno *Claudio Arrau (1903-1991)*.

Arrau ha detto in diverse interviste alla televisione cilena che Liszt era una persona molto avanti rispetto ai suoi tempi e che la sua comprensione musicale era impeccabile; e contro il mito di Liszt come uno spietato esecutore di pianoforte acrobatico, che presta poca attenzione alla partitura, Arrau ha trasmesso la sottile immagine di Liszt come una persona meticolosa nella sua intenzione di *riprodurre la visione originale* del compositore nei suoi minimi dettagli.

Mentre Liszt, secondo la tradizione romantica, trascriveva spesso musica non composta originariamente per il pianoforte, cercava anche allora di seguire l'intenzione del compositore nei minimi dettagli.

Il paradigma dell'esecuzione è quello che ci è venuto in mente attraverso questa tradizione musicale del XVIII e XIX secolo, e ne vediamo oggi gli effetti amplificati in molti modi. Ad esempio, il flusso di informazioni da gestire diventa ogni giorno più grande, proprio per il fatto di utilizzare tutte le meravigliose caratteristiche che la tecnologia ci offre in questa cultura moderna. Ciò che colpisce la nostra coscienza in questi giorni è la questione di come le persone gestiranno questo immenso, imperterrito flusso di informazioni senza diventare pazze, a causa di un totale collasso del sistema nervoso?

Il risultato è che la cultura sta per cambiare a un livello ancora più drastico di quanto possiamo immaginare in questi giorni. I bambini crescono con i computer che possono toccare mentre hanno perso il contatto con i loro coetanei e i loro genitori; il contatto diventa ampiamente parte della cultura tecnologica, ed è sradicato dalla natura dove era prima primordiale, e per ragioni molto precise.

Il fenomeno della 'mancanza di tempo' come ossessione culturale si impadronisce della vita intima delle persone e, con gli uomini, trasforma la spirale verso l'impotenza su larga scala, come dimostrano le più recenti ricerche sul sesso in Germania, a causa della concezione del sesso come *performance*, per inserirlo nella cultura della performance, mentre il sesso in origine non aveva nulla a che fare con l'esecuzione di qualcosa. Ma è così che tutte le nostre funzioni vitali di base vengono plasmate nella cultura aziendale per essere convalidate secondo il paradigma del consumo.

Quale potrà mai essere il futuro del paradigma della musica classica o della performance musicale acustica?

Vedo un'immagine fioca qui, mentre i giovani eccellono sui loro sintetizzatori e sulle tastiere che possono usare anche di notte, con le cuffie, e possono collegarsi ai loro laptop e iPhone, trasmettendo le loro creazioni direttamente sul web. I pianoforti sono particolarmente ingombranti e il pianista ha bisogno di un grosso investimento per un pianoforte e dei soldi per pagare un appartamento di alta classe o una casa singola, perché il 'rumore' disturba gli altri.

I prezzi della musica diminuiscono costantemente per la musica classica, e aumentano per il rock e il pop, e un po' di jazz popolare, e anche per la new age quando l'artista è popolare. Qual è dunque il futuro delle arti classiche?

Dato che la direzione musicale ha assegnato in gran parte la scena classica alla borghesia del vecchio stile, dato che questa borghesia sta per essere sostituita da una nuova élite high-tech, ed efficiente, composta da uomini e donne molto informatizzati, vedo il nero per la scena classica del vecchio stile, con le sue costose opere liriche e le sale da concerto.

La tecnologia internazionale dei telefoni cellulari dimostra che le moderne strategie di distribuzione aziendale possono semplicemente by-passare uno qualsiasi dei vecchi sistemi, invalidando i vecchi modi di fare nel giro di pochi anni. Mentre ancora circa un decennio e mezzo fa il governo tedesco ha investito milioni di euro per rivestire in rame, che è molto costoso, tutto il sistema di linee telefoniche in Asia o in Africa, tali spese non sono mai state fatte. Tutto lì è semplicemente senza fili, mentre la qualità è ovviamente pessima, ma nessuno si lamenta, perché non conoscono di meglio. Quindi, questo significa, quando lo si applica alla nostra cultura, che lo sviluppo di tutto ciò sarà non-lineare, non seguendo i modi tradizionali di fare le cose.

Vedo un futuro fioco per i valori dell'anima della musica classica perché tutto sarà transitato verso un'esecuzione 'narcisistica' con il virtuoso come primo premio, lasciando il compositore nell'ombra. I giovani pianisti di oggi possono fare tutta la loro promozione, usando Youtube, i loro siti web, Apple Music e quant'altro, eppure il pubblico è in costante contrazione.

Ancora ai tempi della mia giovinezza, circa quarant'anni fa, era la generazione più anziana ad interessarsi al classico. Io ero tra i miei coetanei l'unico a cui piaceva la musica classica di qualsiasi tipo. Oggi, questa vecchia generazione è praticamente tutta morta, e questo significa che il pubblico sta cambiando molto. Anche i giovani, se mai vorranno ascoltare un classico, non lo pagheranno, ma lo guarderanno su canali video gratuiti come Youtube, il che significa che stanno usando risorse di seconda mano perché ignorano la potenza di una vita di prima mano, come la chiamo io. Tutta la cultura si sposterà verso produzioni di seconda mano dove l'originalità di un artista è sempre meno un fattore che la gente vuole considerare. Tutto ciò significa che i pianisti oggi tendono a diversificare il loro repertorio per essere preparati e pronti a colpire, il giorno in cui vedono un certo tipo di musica diventare popolare, per poi specializzarsi in esso.

Ma, naturalmente, il paradigma del narcisismo non è esclusivo della musica classica, ma è anche una parte intrinseca della cultura jazzistica, dove è rigorosamente più l'esecutore che viene convalidato, applaudito e lodato, che la composizione stessa. In realtà la composizione non ha quasi nessun valore in sé, il che è metaforicamente molto ben dimostrato dal fatto che le composizioni jazz figurano abitualmente nei cosiddetti 'libri falsi' (fake books) come semplici linee musicali annotate con un linguaggio in codice, simile al 'basso continuo' conosciuto nella musica barocca, che segna e sottolinea l'armonizzazione del pezzo. Spetta poi all'abilità del musicista jazz 'scrivere' questo codice secondo validi principi di composizione musicale.

Trovo il gioco di parole immensamente suggestivo, perché ciò che è contenuto in un 'libro finto' è in fondo finto, se considerato in un inglese semplice.

Ciò significa che la *composizione*, in totale allineamento con la cultura narcisistica del consumo, non ha più valore, e quindi il compositore non ha più valore, ma solo l'esecutore, perché è quest'ultimo che è stato dichiarato eroe culturale, perché 'l'esecuzione è meglio della composizione,' esattamente come nella nostra cultura 'la violenza è meglio del sesso.'

BIBLIOGRAFIA

Bibliografia Contestuale

Ariès, Philippe

Centuries of Childhood
New York: Vintage Books, 1962

Arntz, William & Chasse, Betsy

What the Bleep Do We Know
20th Century Fox, 2005 (DVD)

Down The Rabbit Hole Quantum Edition
20th Century Fox, 2006 (3 DVD Set)

Covitz, Joel

Emotional Child Abuse
The Family Curse
Boston: Sigo Press, 1986

DeMause, Lloyd

The History of Childhood
NEW YORK, 1974

Foundations of Psychohistory
NEW YORK: CREATIVE ROOTS, 1982

Diamond, Stephen A., May, Rollo

Anger, Madness, and the Daimonic
THE PSYCHOLOGICAL GENESIS OF VIOLENCE, EVIL AND CREATIVITY
NEW YORK: STATE UNIVERSITY OF NEW YORK PRESS, 1999

DiCarlo, Russell E. (Ed.)

Towards A New World View
CONVERSATIONS AT THE LEADING EDGE
ERIE, PA: EPIC PUBLISHING, 1996

Dolto, Françoise

La Cause des Enfants
PARIS: LAFFONT, 1985

Psychanalyse et Pédiatrie
PARIS: SEUIL, 1971

Séminaire de Psychanalyse d'Enfants, 1
PARIS: SEUIL, 1982

Séminaire de Psychanalyse d'Enfants, 2
PARIS: SEUIL, 1985

Séminaire de Psychanalyse d'Enfants, 3
PARIS: SEUIL, 1988

L'évangile au risque de la psychanalyse
PARIS: SEUIL, 1980

EISLER, RIANE

The Chalice and the Blade
OUR HISTORY, OUR FUTURE
SAN FRANCISCO: HARPER & ROW, 1995

Sacred Pleasure: Sex, Myth and the Politics of the Body
NEW PATHS TO POWER AND LOVE
SAN FRANCISCO: HARPER & ROW, 1996

The Partnership Way
NEW TOOLS FOR LIVING AND LEARNING
WITH DAVID LOYE
BRANDON, VT: HOLISTIC EDUCATION PRESS, 1998

The Real Wealth of Nations
CREATING A CARING ECONOMICS
SAN FRANCISCO: BERRETT-KOEHLER PUBLISHERS, 2008

ELLIS, HAVELOCK

Sexual Inversion
REPUBLISHED
NEW YORK: UNIVERSITY PRESS OF THE PACIFIC, 2001
ORIGINALLY PUBLISHED IN 1897

The Sexual Impulse in Women
Republished
New York: University Press of the Pacific, 2001
Originally published in 1903

The Dance of Life
New York: Greenwood Press Reprint Edition, 1973
Originally published in 1923

Elwin, V.

The Muria and their Ghotul
Bombay: Oxford University Press, 1947

Erickson, Milton H.

My Voice Will Go With You
The Teaching Tales of Milton H. Erickson
by Sidney Rosen (Ed.)
New York: Norton & Co., 1991

Complete Works 1.0, CD-ROM
New York: Milton H. Erickson Foundation, 2001

Freud, Sigmund

The Interpretation of Dreams
New York: Avon, Reissue Edition, 1980
and in: The Standard Edition of the Complete Psychological
Works of Sigmund Freud , (24 Volumes) ed. by James Strachey
New York: W. W. Norton & Company, 1976

Totem and Taboo
NEW YORK: ROUTLEDGE, 1999
ORIGINALLY PUBLISHED IN 1913

FROMM, ERICH

The Anatomy of Human Destructiveness
NEW YORK: OWL BOOK, 1992
ORIGINALLY PUBLISHED IN 1973

Escape from Freedom
NEW YORK: OWL BOOKS, 1994
ORIGINALLY PUBLISHED IN 1941
TO HAVE OR TO BE
NEW YORK: CONTINUUM INTERNATIONAL PUBLISHING, 1996
ORIGINALLY PUBLISHED IN 1976

The Art of Loving
NEW YORK: HARPERPERENNIAL, 2000
ORIGINALLY PUBLISHED IN 1956

GOLEMAN, DANIEL

Emotional Intelligence
NEW YORK, BANTAM BOOKS, 1995

GORDON, ROSEMARY

Pedophilia: Normal and Abnormal
IN: KRAEMER, THE FORBIDDEN LOVE
LONDON, 1976

Goswami, Amit

The Self-Aware Universe
How Consciousness Creates the Material World
New York: Tarcher/Putnam, 1995

Groth, A. Nicholas

Men Who Rape
The Psychology of the Offender
New York: Perseus Publishing, 1980

Hameroff, Newberg, Woolf, Bierman

Consciousness
20 Scientists Interviewed
Director: Gregory Alsbury
5 DVD Box Set, 540 min.
New York: Alsbury Films, 2003

James, William

Writings 1902-1910
The Varieties of Religious Experience / Pragmatism / A Pluralistic Universe / The Meaning of Truth / Some Problems of Philosophy / Essays
New York: Library of America, 1988

JUNG, CARL GUSTAV

Archetypes of the Collective Unconscious
IN: THE BASIC WRITINGS OF C.G. JUNG
NEW YORK: THE MODERN LIBRARY, 1959, 358-407

Collected Works
NEW YORK, 1959

On the Nature of the Psyche
IN: THE BASIC WRITINGS OF C.G. JUNG
NEW YORK: THE MODERN LIBRARY, 1959, 47-133

Psychological Types
COLLECTED WRITINGS, VOL. 6
PRINCETON: PRINCETON UNIVERSITY PRESS, 1971

Psychology and Religion
IN: THE BASIC WRITINGS OF C.G. JUNG
NEW YORK: THE MODERN LIBRARY, 1959, 582-655

Religious and Psychological Problems of Alchemy
IN: THE BASIC WRITINGS OF C.G. JUNG
NEW YORK: THE MODERN LIBRARY, 1959, 537-581

The Basic Writings of C.G. Jung
NEW YORK: THE MODERN LIBRARY, 1959

The Development of Personality
COLLECTED WRITINGS, VOL. 17
PRINCETON: PRINCETON UNIVERSITY PRESS, 1954

The Meaning and Significance of Dreams
BOSTON: SIGO PRESS, 1991

The Myth of the Divine Child
IN: ESSAYS ON A SCIENCE OF MYTHOLOGY
PRINCETON, N.J.: PRINCETON UNIVERSITY PRESS BOLLINGEN
SERIES XXII, 1969. (WITH KARL KERENYI)

Two Essays on Analytical Psychology
COLLECTED WRITINGS, VOL. 7
PRINCETON: PRINCETON UNIVERSITY PRESS, 1972
FIRST PUBLISHED BY ROUTLEDGE & KEGAN PAUL, LTD., 1953

KLEIN, MELANIE

Love, Guilt and Reparation, and Other Works 1921-1945
NEW YORK: FREE PRESS, 1984
(REISSUE EDITION)

Envy and Gratitude and Other Works 1946-1963
NEW YORK: FREE PRESS, 2002
(REISSUE EDITION)

KOESTLER, ARTHUR

The Act of Creation
NEW YORK: PENGUIN ARKANA, 1989.
ORIGINALLY PUBLISHED IN 1964

KRISHNAMURTI, J.

Freedom From The Known
SAN FRANCISCO: HARPER & ROW, 1969

The First and Last Freedom
SAN FRANCISCO: HARPER & ROW, 1975

Education and the Significance of Life
LONDON: VICTOR GOLLANCZ, 1978

BIBLIOGRAFIA CONTESTUALE

Commentaries on Living
FIRST SERIES
LONDON: VICTOR GOLLANCZ, 1985

Commentaries on Living
SECOND SERIES
LONDON: VICTOR GOLLANCZ, 1986

Krishnamurti's Journal
LONDON: VICTOR GOLLANCZ, 1987

Krishnamurti's Notebook
LONDON: VICTOR GOLLANCZ, 1986

Beyond Violence
LONDON: VICTOR GOLLANCZ, 1985

Beginnings of Learning
NEW YORK: PENGUIN, 1986

The Penguin Krishnamurti Reader
NEW YORK: PENGUIN, 1987

On God
SAN FRANCISCO: HARPER & ROW, 1992

On Fear
SAN FRANCISCO: HARPER & ROW, 1995

The Essential Krishnamurti
SAN FRANCISCO: HARPER & ROW, 1996

The Ending of Time
WITH DR. DAVID BOHM
SAN FRANCISCO: HARPER & ROW, 1985

LAING, RONALD DAVID

Divided Self
NEW YORK: VIKING PRESS, 1991

R.D. Laing and the Paths of Anti-Psychiatry
ED., BY Z. KOTOWICZ
LONDON: ROUTLEDGE, 1997

The Politics of Experience
NEW YORK: PANTHEON, 1983

LIEDLOFF, JEAN

Continuum Concept
IN SEARCH OF HAPPINESS LOST
NEW YORK: PERSEUS BOOKS, 1986
FIRST PUBLISHED IN 1977

LOWEN, ALEXANDER

Bioenergetics
NEW YORK: COWARD, McGOEGHAM 1975

Depression and the Body
THE BIOLOGICAL BASIS OF FAITH AND REALITY
NEW YORK: PENGUIN, 1992

Fear of Life
NEW YORK: BIOENERGETIC PRESS, 2003

Honoring the Body
THE AUTOBIOGRAPHY OF ALEXANDER LOWEN
NEW YORK: BIOENERGETIC PRESS, 2004

Joy
THE SURRENDER TO THE BODY AND TO LIFE
NEW YORK: PENGUIN, 1995

Love and Orgasm
NEW YORK: MACMILLAN, 1965

Love, Sex and Your Heart
NEW YORK: BIOENERGETICS PRESS, 2004

Narcissism: Denial of the True Self
NEW YORK: MACMILLAN, COLLIER BOOKS, 1983

Pleasure: A Creative Approach to Life
NEW YORK: BIOENERGETICS PRESS, 2004
FIRST PUBLISHED IN 1970

The Language of the Body
PHYSICAL DYNAMICS OF CHARACTER STRUCTURE
NEW YORK: BIOENERGETICS PRESS, 2006

MILLER, ALICE

Four Your Own Good
HIDDEN CRUELTY IN CHILD-REARING AND THE ROOTS OF VIOLENCE
NEW YORK: FARRAR, STRAUS & GIROUX, 1983

Pictures of a Childhood
NEW YORK: FARRAR, STRAUS & GIROUX, 1986

The Drama of the Gifted Child
IN SEARCH FOR THE TRUE SELF
TRANSLATED BY RUTH WARD
NEW YORK: BASIC BOOKS, 1996

Thou Shalt Not Be Aware
SOCIETY'S BETRAYAL OF THE CHILD
NEW YORK: NOONDAY, 1998

The Political Consequences of Child Abuse
IN: THE JOURNAL OF PSYCHOHISTORY 26, 2 (FALL 1998)

MOORE, THOMAS

Care of the Soul
A GUIDE FOR CULTIVATING DEPTH AND SACREDNESS IN EVERYDAY LIFE
NEW YORK: HARPER & COLLINS, 1994

REICH, WILHELM

Children of the Future
ON THE PREVENTION OF SEXUAL PATHOLOGY
NEW YORK: FARRAR, STRAUS & GIROUX, 1983
FIRST PUBLISHED IN 1950

CORE (Cosmic Orgone Engineering)
PART I, SPACE SHIPS, DOR AND DROUGHT
©1984, ORGONE INSTITUTE PRESS
XEROX COPY FROM THE WILHELM REICH MUSEUM

Early Writings 1
NEW YORK: FARRAR, STRAUS & GIROUX, 1975

Ether, God & Devil & Cosmic Superimposition
NEW YORK: FARRAR, STRAUS & GIROUX, 1972
ORIGINALLY PUBLISHED IN 1949

Genitality in the Theory and Therapy of Neurosis
©1980 BY MARY BOYD HIGGINS AS DIRECTOR OF THE WILHELM REICH INFANT
TRUST

BIBLIOGRAFIA CONTESTUALE

People in Trouble
©1974 BY MARY BOYD HIGGINS AS DIRECTOR OF THE WILHELM REICH INFANT
TRUST

Record of a Friendship
THE CORRESPONDENCE OF WILHELM REICH AND A. S. NEILL
NEW YORK, FARRAR, STRAUS & GIROUX, 1981

Selected Writings
AN INTRODUCTION TO ORGONOMY
NEW YORK: FARRAR, STRAUS & GIROUX, 1973

The Bioelectrical Investigation of Sexuality and Anxiety
NEW YORK: FARRAR, STRAUS & GIROUX, 1983
ORIGINALLY PUBLISHED IN 1935

The Bion Experiments
REPRINTED IN *SELECTED WRITINGS*
NEW YORK: FARRAR, STRAUS & GIROUX, 1973

The Function of the Orgasm (The Orgone, Vol. 1)
ORGONE INSTITUTE PRESS, NEW YORK, 1942

The Cancer Biopathy (The Orgone, Vol. 2)
NEW YORK: FARRAR, STRAUS & GIROUX, 1973

The Invasion of Compulsory Sex Morality
NEW YORK: FARRAR, STRAUS & GIROUX, 1971
ORIGINALLY PUBLISHED IN 1932

The Leukemia Problem: Approach
©1951, ORGONE INSTITUTE PRESS
COPYRIGHT RENEWED 1979
XEROX COPY FROM THE WILHELM REICH MUSEUM

The Mass Psychology of Fascism
NEW YORK: FARRAR, STRAUS & GIROUX, 1970
ORIGINALLY PUBLISHED IN 1933

The Orgone Energy Accumulator
ITS SCIENTIFIC AND MEDICAL USE
©1951, 1979, ORGONE INSTITUTE PRESS
XEROX COPY FROM THE WILHELM REICH MUSEUM

The Schizophrenic Split
©1945, 1949, 1972 BY MARY BOYD HIGGINS AS DIRECTOR OF THE
WILHELM REICH INFANT TRUST
XEROX COPY FROM THE WILHELM REICH MUSEUM

The Sexual Revolution
©1945, 1962 BY MARY BOYD HIGGINS AS DIRECTOR OF THE WILHELM REICH
INFANT TRUST

REID, DANIEL P.

The Tao of Health, Sex & Longevity
A MODERN PRACTICAL GUIDE TO THE ANCIENT WAY
NEW YORK: SIMON & SCHUSTER, 1989

Guarding the Three Treasures
THE CHINESE WAY OF HEALTH
NEW YORK: SIMON & SCHUSTER, 1993

ROSEN, SYDNEY (ED.)

My Voice Will Go With You
THE TEACHING TALES OF MILTON H. ERICKSON
NEW YORK: NORTON & CO., 1991

STEIN, ROBERT M.

Redeeming the Inner Child in Marriage and Therapy
IN: RECLAIMING THE INNER CHILD
ED. BY JEREMIAH ABRAMS
NEW YORK: TARCHER/PUTNAM, 1990, 261 FF.

STEINER, RUDOLF

Theosophy
AN INTRODUCTION TO THE SPIRITUAL PROCESSES IN HUMAN LIFE
AND IN THE COSMOS
NEW YORK: ANTHROPOSOPHIC PRESS, 1994

STONE, HAL & STONE, SIDRA

Embracing Our Selves
THE VOICE DIALOGUE MANUAL
SAN RAFAEL, CA: NEW WORLD LIBRARY, 1989

SZASZ, THOMAS

The Myth of Mental Illness
NEW YORK: HARPER & ROW, 1984

TART, CHARLES T.

Altered States of Consciousness
A BOOK OF READINGS
HOBOKEN, N.J.: WILEY & SONS, 1969

WHAT THE BLEEP DO WE KNOW!?

See Arntz, William

WHITFIELD, CHARLES L.

Healing the Child Within
DEERFIELD BEACH, FL: HEALTH COMMUNICATIONS, 1987

NOTE PERSONALI